Impressum
Verlag: BABADADA GmbH, Nedderfeld 112 , 22529 Hamburg
Geschäftsführer / Verlagsleitung: Harald Hof
Druck: Books on Demand GmbH, In de Tarpen 42, 22848 Norderstedt

Imprint
Publisher: BABADADA GmbH, Nedderfeld 112 , 22529 Hamburg, Germany
Managing Director / Publishing direction: Harald Hof
Print: Books on Demand GmbH, In de Tarpen 42, 22848 Norderstedt

salle de classe
salle de classe

diviser
diviser

186/2

tableau noir
tableau noir

cour de récréation
cour (de récréation)

enseignant
professeur

papier
papier

écrire
écrire

stylo
stylo

bureau
bureau

règle
règle

livre
livre

élève
élève

sac d'école

cartable

trousse

trousse

crayon

crayon

taille-crayon

taille-crayon

gomme

gomme

carnet à dessin

carnet à dessin

dessin

dessin

pinceau

pinceau

boîte de peinture

boîte de peinture

ciseaux

ciseaux

colle

colle

cahier d'exercices

cahier d'exercices

tâches

devoirs

chiffre

chiffre

additionner

additionner

soustraire

soustraire

multiplier

multiplier

calculer

calculer

lettre

lettre

alphabet

alphabet

mot

mot

texte

texte

lire

lire

craie

craie

leçon

leçon

livre de classe

livre de classe

examen

examen

certificat

certificat

uniforme scolaire

uniforme scolaire

formation

formation

lexique

lexique

université

université

microscope

microscope

carte

carte

corbeille à papier

corbeille à papier

école - école

hôtel
hôtel

auberge
auberge

bureau de change
bureau de change

valise
valise

voiture
voiture

langue

langue

oui / non

oui / non

d'accord

d'accord

Salut

Salut

interprète

interprète

merci

merci

Combien coûte...?

Combien coûte...?

Je ne comprends pas

Je ne comprends pas

problème

problème

Bonsoir!

Bonsoir !

Bonjour!

Bonjour !

Bonne nuit!

Bonne nuit !

Au revoir

Au revoir

direction

direction

bagages

bagages

sac

sac

sac-à-dos

sac-à-dos

hôte

hôte

pièce

pièce

sac de couchage

sac de couchage

tente

tente

office de tourisme

office de tourisme

plage

plage

carte de crédit

carte de crédit

petit-déjeuner

petit-déjeuner

déjeuner

déjeuner

dîner

dîner

billet

billet

ascenseur

ascenseur

timbre

timbre

frontière

frontière

douane

douane

ambassade

ambassade

visa

visa

passeport

passeport

avion
avion

navire
navire

véhicule de pompiers
véhicule de pompiers

bus
bus

camion
camion

bateau à moteur
bateau à moteur

bicyclette
bicyclette

voiture
voiture

ferry
ferry

barque
barque

moto
moto

voiture de police
voiture de police

voiture de course
voiture de course

voiture de location
voiture de location

autopartage

auto-partage

dépanneuse

voiture de remorquage

benne à ordures

benne à ordures

moteur

moteur

essence

essence

station d'essence

station d'essence

panneau indicateur

panneau indicateur

trafic

trafic

embouteillage

embouteillage

parking

parking

gare

gare

rails

rails

train

train

tram

tramway

wagon

wagon

hélicoptère
hélicoptère

aéroport
aéroport

tour
tour

passager
passager

container
conteneur

carton
carton

chariot
chariot

corbeille
corbeille

décoller / atterrir
décoller / atterrir

## ville
## ville

village
village

centre-ville
centre-ville

maison
maison

cinéma
cinéma

publicité
publicité

réverbère
réverbère

rue
rue

taxi
taxi

piéton
piéton

kiosque
kiosque

trottoir
trottoir

passage piéton
passage piéton

poubelle
poubelle

carrefour
carrefour

feux de circulation
feux de circulation

cabane
cabane

appartement
appartement

gare
gare

mairie
mairie

musée
musée

école
école

université

université

banque

banque

hôpital

hôpital

hôtel

hôtel

pharmacie

pharmacie

bureau

bureau

librairie

librairie

magasin

magasin

fleuriste

fleuriste

supermarché

supermarché

marché

marché

grand magasin

grand magasin

poissonnerie

poissonnerie

centre commercial

centre commercial

port

port

parc

parc

banque

banque

pont

pont

escaliers

escaliers

métro

métro

tunnel

tunnel

arrêt de bus

arrêt de bus

bar

bar

restaurant

restaurant

boîte à lettres

boîte à lettres

panneau indicateur

panneau indicateur

parcomètre

parcmètre

zoo

zoo

réverbère

piscine

mosquée

mosquée

ferme

ferme

pollution

pollution

cimetière

cimetière

église

église

aire de jeux

aire de jeux

temple

temple

# paysage

paysage

feuille

feuille

panneau indicateur

panneau indicateur

chemin

chemin

pré

pré

pierre

pierre

arbre

arbre

randonneur

randonneur

rivière

rivière

herbe

herbe

fleur

fleur

vallée

vallée

montagne

montagne

lac

lac

forêt

forêt

désert

désert

volcan

volcan

château

château

arc-en-ciel

arc-en-ciel

champignon

champignon

palmier

palmier

moustique

moustique

mouche

mouche

fourmis

fourmis

abeille

abeille

araignée

araignée

scarabée
.................
coléoptère

grenouille
.................
grenouille

écureuil
.................
écureuil

hérisson
.................
hérisson

lapin
.................
lièvre

chouette
.................
chouette

oiseau
.................
oiseau

cygne
.................
cygne

sanglier
.................
sanglier

cerf
.................
cerf

élan
.................
élan

barrage
.................
barrage

éolienne
.................
éolienne

panneau solaire
.................
panneau solaire

climat
.................
climat

paysage - paysage

serveur
serveur

menu
menu

chaise
chaise

soupe
soupe

pizza
pizza

services
couverts

nappe
nappe

hors d'œuvre
hors d'œuvre

plat principal
plat principal

dessert
dessert

boissons
boissons

alimentation
alimentation

bouteille
bouteille

fast-food
fast-food

plats à emporter
plats à emporter

théière
théière

sucrier
sucrier

portion
portion

machine à expresso
machine à expresso

chaise haute
chaise haute

facture
facture

plateau
plateau

couteau
couteau

fourchette
fourchette

cuillère
cuillère

cuillère à thé
cuillère à thé

serviette
serviette

verre
verre

restaurant - restaurant

assiette

assiette

assiette à soupe

assiette à soupe

soucoupe

soucoupe

sauce

sauce

salière

salière

moulin à poivre

moulin à poivre

vinaigre

vinaigre

huile

huile

épices

épices

ketchup

ketchup

moutarde

moutarde

mayonnaise

mayonnaise

offre promotionnelle
offre promotionnelle

client
client

produits laitiers
produits laitiers

fruits
fruits

caddie
chariot

boucherie
boucherie

boulangerie
boulangerie

peser
peser

légumes
légumes

viande
viande

aliments surgelés
aliments surgelés

charcuterie

charcuterie

conserves

conserves

poudre à lessive

poudre à lessive

bonbons

bonbons

articménagers

articles ménagers

détergents

détergents

vendeuse

vendeuse

caisse

caisse

caissier

caissier

liste d'achats

liste d'achats

heures d'ouverture

heures d'ouverture

portefeuille

portefeuille

carte de crédit

carte de crédit

sac

sac

sac en plastique

sac en plastique

## boissons

eau

eau

jus de fruit

jus de fruit

lait

lait

coca

coca

vin

vin

bière

bière

alcool

alcool

chocolat chaud

chocolat chaud

thé

thé

café

café

expresso

expresso

cappuccino

cappuccino

banane

banane

pomme

pomme

orange

orange

melon

melon

citron

citron

carotte

carotte

ail

ail

bambou

bambou

oignon

oignon

champignon

champignon

noisettes

noisettes

pâtes

pâtes

spaghettis
spaghetti

riz
riz

salade
salade

frites
pommes frites

pommes de terre rôties
pommes de terre rôties

pizza
pizza

hamburger
hamburger

sandwich
sandwich

escalope
escalope

jambon
jambon

salami
salami

saucisse
saucisse

poulet
poulet

rôti
rôti

poisson
poisson

flocons d'avoine
flocons d'avoine

muesli
muesli

cornflakes
cornflakes

farine
farine

croissant
croissant

petits-pains
petits-pains

pain
pain

pain grillé
pain grillé

biscuits
biscuits

beurre
beurre

fromage blanc
le fromage blanc

gâteau
gâteau

œuf
œuf

œuf au plat
œuf au plat

fromage
fromage

glace

glace

sucre

sucre

miel

miel

confiture

confiture

crème nougat

crème nougat

curry

curry

ferme
ferme

grange
grange

botte de paille
botte de paille

champ
champ

cheval
cheval

remorque
remorque

poulain
poulain

tracteur
tracteur

âne
âne

agneau
agneau

mouton
mouton

chèvre

chèvre

vache

vache

veau

veau

porc

porc

porcelet

porcelet

taureau

taureau

oie

oie

canard

canard

poussin

poussin

poule

poule

coq

coq

rat

rat

chat

chat

souris

souris

bœuf

bœuf

chien

chien

chenil

chenil

tuyau de jardin

tuyau de jardin

arrosoir

arrosoir

faucheuse

faucheuse

charrue

charrue

ferme - ferme

faucille

faucille

pioche

pioche

fourche

fourche

hache

hache

brouette

brouette

cuve

cuve

pot à lait

pot à lait

sac

sac

clôture

clôture

étable

étable

serre

serre

sol

sol

semences

semences

engrais

engrais

moissonneuse-batteuse

moissonneuse-batteuse

récolter
...............
récolter

récolte
...............
récolte

igname
...............
igname

blé
...............
blé

soja
...............
soja

pomme de terre
...............
pomme de terre

maïs
...............
maïs

colza
...............
colza

arbre fruitier
...............
arbre fruitier

manioc
...............
manioc

céréales
...............
céréales

## maison

cheminée
cheminée

toit
toit

gouttière
gouttière

fenêtre
fenêtre

garage
garage

sonnette
sonnette

porte
porte

poubelle
poubelle

boîte aux lettres
boîte aux lettres

jardin
jardin

salon
salon

chambre de bain
salle de bain

cuisine
cuisine

chambre à coucher
chambre à coucher

chambre d'enfant
chambre d'enfant

salle à manger
salle à manger

sol
................
sol

mur
................
mur

plafond
................
plafond

cave
................
cave

sauna
................
sauna

balcon
................
balcon

terrasse
................
terrasse

piscine
................
piscine

tondeuse à gazon
................
tondeuse à gazon

fourre de duvet
................
housse

couette
................
couette

lit
................
lit

balai
................
balai

sceau
................
sceau

interrupteur
................
interrupteur

papier peint
papier peint

image
image

lampe
lampe

étagère
étagère

armoire
armoire

cheminée
cheminée

télé
télé

fleur
fleur

coussin
coussin

canapé
sofa

vase
vase

télécommande
télécommande

tapis
tapis

rideau
rideau

table
table

chaise
chaise

chaise à bascule
chaise à bascule

fauteuil
fauteuil

livre

livre

couverture

couverture

décoration

décoration

bois de chauffage

bois de chauffage

film

film

chaîne hi-fi

chaîne hi-fi

clé

clé

journal

journal

peinture

peinture

poster

poster

radio

radio

bloc-notes

bloc-notes

aspirateur

aspirateur

cactus

cactus

bougie

bougie

frigo
réfrigérateur

four à micro-ondes
four à micro-ondes

balance de cuisine
balance de cuisine

toasteur
grille-pain

détergent
détergent

four
four

compartiment congélateur
compartiment congélateur

poubelle
poubelle

lave-vaisselle
lave-vaisselle

four
four

casserole
casserole

marmite
marmite

wok/kadai
wok / kadai

poêle
poêle

bouilloire électrique
bouilloire electrique

cuiseur vapeur

cuiseur vapeur

plaque de cuisson

plaque de cuisson

vaisselle

vaisselle

gobelet

gobelet

bol

coupe

baguettes

baguettes

louche

louche

spatule

spatule

fouet

fouet

passoire

passoire

tamis

tamis

râpe

râpe

mortier

mortier

barbecue

barbecue

cheminée

cheminée

planche à découper
planche à découper

rouleau à pâtisserie
rouleau à pâtisserie

tire-bouchon
tire-bouchon

boîte
boîte

ouvre-boîte
ouvre-boîte

maniques
maniques

lavabo
lavabo

brosse
brosse

éponge
éponge

mixeur
mixeur

congélateur
congélateur

biberon
biberon

robinet
robinet

chauffage
chauffage

douche
douche

serviette
serviette

rideau de douche
rideau de douche

bain moussant
bain moussant

baignoire
baignoire

verre
verre

machine à laver
machine à laver

robinet
robinet

carrelage
carrelage

pot
pot

lavabo
lavabo

toilettes
toilettes

toilette à turque
toilette à la turque

bidet
bidet

urinoir
urinoir

papier toilette
papier toilette

brosse à toilette
brosse à toilette

brosse à dents
brosse à dents

dentifrice
dentifrice

fil dentaire
fil dentaire

laver
laver

douche manuelle
douche manuelle

douche intime
douche intime

vasque
vasque

brosse dorsale
brosse dorsale

savon
savon

gel douche
gel douche

shampooing
shampooing

gant de toilette
gant de toilette

écoulement
écoulement

crème
crème

déodorant
déodorant

miroir

miroir

miroir cosmétique

miroir cosmétique

rasoir

rasoir

mousse à raser

mousse à raser

après-rasage

après-rasage

peigne

peigne

brosse

brosse

sèche-cheveux

sèche-cheveux

laque pour cheveux

laque pour cheveux

fond de teint

fond de teint

rouge à lèvres

rouge à lèvres

vernis à ongles

vernis à ongles

ouate

ouate

coupe-ongles

coupe-ongles

parfum

parfum

trousse de toilette
..................
trousse de toilette

tabouret
..................
tabouret

balance
..................
pèse-personne

peignoir
..................
peignoir

gants de nettoyage
..................
gants de nettoyage

tampon
..................
tampon

serviettes hygiéniques
..................
serviettes hygiéniques

toilette chimique
..................
toilette chimique

chambre de bain  -  salle de bain                    41

## chambre d'enfant

réveil
réveil

doudou
doudou

voiture jouet
voiture jouet

hochet
hochet

maison de poupée
maison de poupée

cadeau
cadeau

ballon
ballon

lit
lit

poussette
poussette

jeu de cartes
jeu de cartes

puzzle
puzzle

bande dessinée
bande dessinée

pièces lego

pièces lego

blocs de construction

blocs de construction

figurine

figurine

grenouillère

grenouillère

frisbee

frisbee

mobile

mobile

jeu de société

jeu de société

dé

dé

train miniature

train miniature

sucette

sucette

fête

fête

livre d'images

livre d'images

balle

balle

poupée

poupée

jouer

jouer

bac à sable
................
bac à sable

balançoire
................
balançoire

jouets
................
jouets

console de jeu
................
console de jeu

tricycle
................
tricycle

ours en peluche
................
ours en peluche

armoire
................
armoire

# vêtements
## vêtements

chaussettes
................
chaussettes

bas
................
bas

collant
................
collant

écharpe
écharpe

parapluie
parapluie

t-shirt
t-shirt

ceinture
ceinture

bottes
bottes

pantoufles
pantoufles

baskets
baskets

sandales
sandales

chaussures
chaussures

bottes de caoutchouc
bottes de caoutchouc

linge de corps
sous-vêtements

soutien-gorge
soutien-gorge

maillot de corps
maillot de corps

body
body

pantalon
pantalon

jean
jean

jupe
jupe

chemisier
chemisier

chemise
chemise

pull
pull

pull-over à capuche
sweat à capuche

veste
veste

veste
veste

manteau
manteau

imperméable
imperméable

costume
costume

robe
robe

robe de mariée
robe de mariée

costume

costume

chemise de nuit

chemise de nuit

pyjama

pyjama

sari

sari

foulard

foulard

turban

turban

burqa

burqa

caftan

caftan

abaya

abaya

maillot de bain

maillot de bain

costume de bain

maillot de bain

cuissettes

short

tenue d'entraînement

tenue d'entraînement

tablier

tablier

gants

gants

bouton

bouton

lunettes

lunettes

bracelet

bracelet

collier

collier

bague

bague

boucle d'oreille

boucle d'oreille

bonnet

bonnet

cintre

cintre

chapeau

chapeau

cravate

cravate

fermeture éclair

fermeture éclair

casque

casque

bretelles

bretelles

uniforme scolaire

uniforme scolaire

uniforme

uniforme

bavoir
.................
bavoir

sucette
.................
sucette

couche
.................
lange

## bureau
## bureau

serveur
serveur

armoire d'archivage
armoire d'archivage

imprimante
imprimante

papier
papier

écran
écran

bureau
bureau

souris
souris

classeur
classeur

clavier
clavier

corbeille à papier
corbeille à papier

chaise
chaise

ordinateur
ordinateur

tasse à café
.................
tasse de café

calculatrice
.................
calculatrice

internet
.................
internet

ordinateur portable

ordinateur portable

lettre

lettre

message

message

portable

portable

réseau

réseau

photocopieuse

photocopieuse

logiciel

logiciel

téléphone

téléphone

prise

prise

fax

fax

formulaire

formulaire

document

document

acheter
............
acheter

payer
............
payer

marchander
............
faire du commerce

monnaie
............
monnaie

dollar
............
dollar

euro
............
euro

yen
............
yen

rouble
............
rouble

franc suisse
............
franc suisse

renminbi yuan
............
renminbi yuan

roupie
............
roupie

distributeur automatique
............
distributeur automatique

bureau de change

bureau de change

or

or

argent

argent

pétrole

pétrole

énergie

énergie

prix

prix

contrat

contrat

taxe

taxe

action

action

travailler

travailler

employé

employé

employeur

employeur

usine

usine

magasin

magasin

agent de police
agent de police

pompier
pompier

cuisinier
cuisinier

médecin
médecin

pilote
pilote

jardinier
jardinier

menuisier
menuisier

couturière
couturière

juge
juge

chimiste
chimiste

acteur
acteur

conducteur de bus

conducteur de bus

chauffeur de taxi

chauffeur de taxi

pêcheur

pêcheur

femme de ménage

femme de ménage

couvreur

couvreur

serveur

serveur

chasseur

chasseur

peintre

peintre

boulanger

boulanger

électricien

électricien

ouvrier

ouvrier

ingénieur

ingénieur

boucher

boucher

plombier

plombier

facteur

facteur

professions - professions

soldat

soldat

architecte

architecte

caissier

caissier

fleuriste

fleuriste

coiffeur

coiffeur

contrôleur

contrôleur

mécanicien

mécanicien

capitaine

capitaine

dentiste

dentiste

scientifique

scientifique

rabbin

rabbin

imam

imam

moine

moine

prêtre

prêtre

marteau
marteau

pinces
pinces

tournevis
tournevis

clé
clé

torche
torche

pelleteuse
pelleteuse

boîte à outils
boîte à outils

échelle
échelle

scie
scie

clous
clous

perceuse
perceuse

réparer

réparer

pelle

pelle

Mince!

Mince !

pelle

pelle

pot de peinture

pot de peinture

vis

vis

## instruments de musique
## instruments de musique

batterie
batterie

haut-parleur
haut-parleurs

guitare
guitare

contrebasse
contrebasse

trompette
trompette

piano

piano

violon

violon

basse

basse

timbales

timbales

tambour

tambour

piano électrique

piano électrique

saxophone

saxophone

flûte

flûte

microphone

microphone

tigre
tigre

entrée
entrée

cage
cage

zèbre
zèbre

alimentation animale
alimentation animale

panda
panda

animaux
animaux

éléphant
éléphant

kangourou
kangourou

rhinocéros
rhinocéros

gorille
gorille

ours
ours

chameau

chameau

autruche

autruche

lion

lion

singe

singe

flamand rose

flamand rose

perroquet

perroquet

ours polaire

ours polaire

pingouin

pingouin

requin

requin

paon

paon

serpent

serpent

crocodile

crocodile

gardien de zoo

gardien de zoo

phoque

phoque

jaguar

jaguar

ZOO - ZOO

poney

poney

léopard

léopard

hippopotame

hippopotame

girafe

girafe

aigle

aigle

sanglier

sanglier

poisson

poisson

tortue

tortue

morse

morse

renard

renard

gazelle

gazelle

sports

american Football
american Football

cyclisme
cyclisme

tennis
tennis

basket-ball
basket-ball

natation
natation

boxe
boxe

hockey sur glace
hockey sur glace

football
football

badminton
badminton

athlétisme
athlétisme

handball
handball

ski
ski

polo
polo

sauter
sauter

rire
rire

embrasser
embrasser

marcher
marcher

chanter
chanter

rêver
rêver

prier
prier

faire la bise
faire la bise

écrire
écrire

dessiner
dessiner

montrer
montrer

pousser
pousser

donner
donner

prendre
prendre

avoir

avoir

faire

faire

être

être

être debout

être debout

courir

courir

trier

trier

jeter

jeter

tomber

tomber

être couché

être couché

attendre

attendre

porter

porter

être assis

être assis

s'habiller

s'habiller

dormir

dormir

se réveiller

se réveiller

regarder

regarder

pleurer

pleurer

caresser

caresser

peigner

peigner

parler

parler

comprendre

comprendre

demander

demander

écouter

écouter

boire

boire

manger

manger

ranger

ranger

aimer

aimer

cuire

cuire

conduire

conduire

voler

voler

faire de la voile
faire de la voile

calculer
calculer

lire
lire

apprendre
apprendre

travailler
travailler

se marier
se marier

coudre
coudre

se brosser les dents
brosser les dents

tuer
tuer

fumer
fumer

envoyer
envoyer

grand-mère
grand-mère

grand-père
grand-père

père
père

mère
mère

bébé
bébé

fille
fille

fils
fils

hôte

hôte

tante

tante

oncle

oncle

frère

frère

sœur

sœur

front
front

œil
œil

épaule
épaule

doigt
doigt

visage
visage

menton
menton

main
main

poitrine
poitrine

jambe
jambe

bras
bras

bébé
bébé

homme
homme

femme
femme

fille
fille

garçon
garçon

tête
tête

dos

dos

ventre

ventre

nombril

nombril

orteil

orteil

talon

talon

os

os

hanche

hanche

genou

genou

coude

coude

nez

nez

fesses

fesses

peau

peau

joue

joue

oreille

oreille

lèvre

lèvre

corps - corps

bouche

bouche

dent

dent

langue

langue

cerveau

cerveau

cœur

cœur

muscle

muscle

poumons

poumons

foie

foie

estomac

estomac

reins

reins

rapport sexuel

rapport sexuel

préservatif

préservatif

ovule

ovule

sperme

sperme

grossesse

grossesse

menstruation
menstruation

vagin
vagin

pénis
pénis

sourcil
sourcil

cheveux
cheveux

cou
cou

hôpital
hôpital

ambulance
ambulance

fauteuil roulant
fauteuil roulant

fracture
fracture

médecin
médecin

service des urgences
service des urgences

infirmière
infirmière

urgence
urgence

inconscient
inconscient

douleur
douleur

blessure

blessure

hémorragie

hémorragie

crise cardiaque

crise cardiaque

attaque cérébrale

attaque cérébrale

allergie

allergie

toux

toux

fièvre

fièvre

grippe

grippe

diarrhée

diarrhée

mal de tête

mal de tête

cancer

cancer

diabète

diabète

chirurgien

chirurgien

scalpel

scalpel

opération

opération

CT
CT

radiographie
radiographie

échographie
échographie

masque
masque

maladie
maladie

salle d'attente
salle d'attente

béquille
béquille

pansement
pansement

pansement
pansement

injection
injection

stéthoscope
stéthoscope

brancard
brancard

thermomètre
thermomètre

accouchement
accouchement

surpoids
surcharge pondérale

appareil auditif

appareil auditif

désinfectant

désinfectant

infection

infection

virus

virus

VIH / sida

VIH / sida

médicament

médicament

vaccination

vaccination

tablettes

comprimés

pilule

pilule

appel d'urgence

appel d'urgence

tensiomètre

tensiomètre

malade / sain

malade / sain

Au secours!

Au secours !

alarme

alarme

agression

assaut

attaque

attaque

danger

danger

sortie de secours

sortie de secours

Au feu!

Au feu!

extincteur

extincteur

accident

accident

trousse de premier secours

trousse de premier secours

SOS

SOS

police

police

Europe

Europe

Amérique du Nord

Amérique du Nord

Amérique du Sud

Amérique du Sud

Afrique

Afrique

Asie

Asie

Australie

Australie

Océan atlantique

Océan atlantique

Océan pacifique

Océan pacifique

Océan indien

Océan indien

Océan antarctique

Océan antarctique

Océan arctique

Océan arctique

Pônord

pôle nord

Pôsud
pôle sud

Antarctique
Antarctique

terre
terre

pays
pays

mer
mer

île
île

nation
nation

état
état

terre - terre

cadran

cadran

aiguille des heures

aiguille des heures

aiguille des minutes

aiguille des minutes

aiguille des secondes

aiguille des secondes

Quelle heure est-il?

Quelle heure est-il ?

jour

jour

temps

temps

maintenant

maintenant

montre digitale

montre digitale

minute

minute

heure

heure

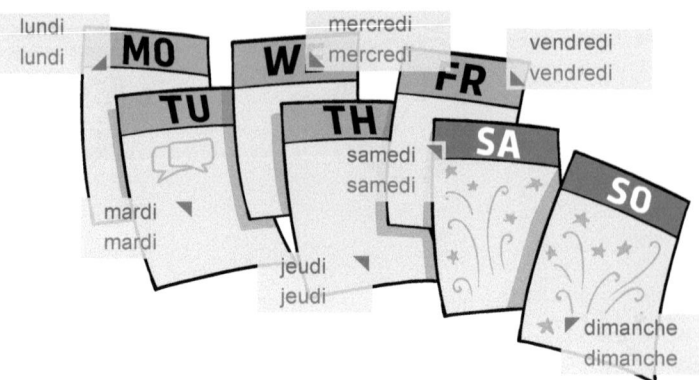

lundi
lundi

mardi
mardi

mercredi
mercredi

jeudi
jeudi

vendredi
vendredi

samedi
samedi

dimanche
dimanche

hier

hier

aujourd'hui

aujourd'hui

demain

demain

matin

matin

midi

midi

soir

soir

jours ouvrables

jours ouvrables

week-end

week-end

pluie
pluie

arc-en-ciel
arc-en-ciel

neige
neige

vent
vent

printemps
printemps

automne
automne

été
été

hiver
hiver

météo
météo

thermomètre
thermomètre

lumière du soleil
lumière du soleil

nuage
nuage

brouillard
brouillard

humidité
humidité

foudre

foudre

tonnerre

tonnerre

tempête

tempête

grêle

grêle

mousson

mousson

inondation

inondation

glace

glace

janvier

janvier

février

février

mars

mars

avril

avril

mai

mai

juin

juin

juillet

juillet

août

août

année - année

septembre
................
septembre

octobre
................
octobre

novembre
................
novembre

décembre
................
décembre

# formes

## formes

cercle
................
cercle

carré
................
carré

rectangle
................
rectangle

triangle
................
triangle

sphère
................
sphère

cube
................
cube

blanc

blanc

jaune

jaune

orange

orange

rose

rose

rouge

rouge

violet

violet

bleu

bleu

vert

vert

marron

marron

gris

gris

noir

noir

beaucoup / peu

beaucoup / peu

fâché / calme

fâché / calme

joli / laid

joli / laid

début / fin

début / fin

grand / petit

grand / petit

clair / obscure

clair / obscure

frère / sœur

frère / soeur

propre / sale

propre / sale

complet / incomplet

complet / incomplet

jour / nuit

jour / nuit

mort / vivant

mort / vivant

large / étroit

large / étroit

comestible / incomestible

comestible / incomestible

méchant / gentil

méchant / gentil

excité / ennuyé

excité / ennuyé

gros / mince

gros / mince

premier / dernier

premier / dernier

ami / ennemi

ami / ennemi

plein / vide

plein / vide

dur / souple

dur / souple

lourd / léger

lourd / léger

faim / soif

faim / soif

malade / sain

malade / sain

illégal / légal

illégal / légal

intelligent / stupide

intelligent / stupide

gauche / droite

gauche / droite

proche / loin

proche / loin

oppositions - oppositions

nouveau / usé

nouveau / usé

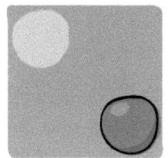

rien / quelque chose

rien / quelque chose

vieux / jeune

vieux / jeune

marche / arrêt

marche / arrêt

ouvert / fermé

ouvert / fermé

faible / fort

faible / fort

riche / pauvre

riche / pauvre

correct / incorrect

correct / incorrect

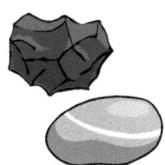

rugueux / lisse

rugueux / lisse

triste / heureux

triste / heureux

court / long

court / long

lent / rapide

lent / rapide

mouillé / sec

mouillé / sec

chaud / froid

chaud / froid

guerre / paix

guerre / paix

**0**

zéro
zéro

**1**

un
un / une

**2**

deux
deux

**3**

trois
trois

**4**

quatre
quatre

**5**

cinq
cinq

**6**

six
six

**7**

sept
sept

**8**

huit
huit

**9**

neuf
neuf

**10**

dix
dix

**11**

onze
onze

## 12
douze

douze

## 13
treize

treize

## 14
quatorze

quatorze

## 15
quinze

quinze

## 16
seize

seize

## 17
dix-sept

dix-sept

## 18
dix-huit

dix-huit

## 19
dix-neuf

dix-neuf

## 20
vingt

vingt

## 100
cent

cent

## 1.000
mille

mille

## 1.000.000
million

million

anglais
................
anglais

anglais américain
................
anglais américain

chinois mandarin
................
chinois mandarin

hindi
................
hindi

espagnol
................
espagnol

français
................
français

arabe
................
arabe

russe
................
russe

portugais
................
portugais

bengali
................
bengali

allemand
................
allemand

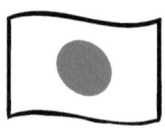

japonais
................
japonais

## qui / quoi / comment

je
je

tu
tu

il / elle
il / elle / ce, c', cela

nous
nous

vous
vous

ils / elles
ils / elles

qui?
Qui ?

quoi?
Quoi ?

comment?
Comment ?

où?
Où ?

quand?
Quand ?

nom
nom

derrière

derrière

dans

dans

devant

devant

au-dessus

au-dessus

sur

sur

en-dessous

en-dessous

à côté de

à côté de

entre

entre

lieu

lieu